¿Qué puede nadar?

Patricia Whitehouse

Traducción de Patricia Abello

Heinemann Library
Chicago, Illinois

© 2004 Heinemann Library
a division of Reed Elsevier Inc.
Chicago, Illinois

Customer Service 888-454-2279
Visit our website at www.heinemannlibrary.com

Designed by Sue Emerson, Heinemann Library; Page layout by Que-Net Media™
Printed and bound in the U.S.A. by Lake Book Manufacturing
Photo research by Bill Broyles

08 07 06 05 04
10 9 8 7 6 5 4 3 2 1

Library of Congress Cataloging-in-Publication Data
Whitehouse, Patricia, 1958-
    [What can swim? Spanish]
    ¿Qué puede nadar? / Patricia Whitehouse; traducción de Patricia Abello.
        p. cm. – (Qué puede?)
    Includes index.
Summary: An introduction to the principles of swimming describing the animals, insects, people, and machines that can or cannot swim.
ISBN 1-4034-4388-2 (HC) – ISBN 1-4034-4395-5 (pbk.)
1. Swimming—Juvenile literature. 2. Animal swimming— Juvenile literature. [1. Swimming. 2. Animal swimming. 3. Spanish language materials.] I. Title.
QP310.S95W4818 2003
573.7'9--dc21

2003051073

Acknowledgments
The author and publishers are grateful to the following for permission to reproduce copyright material:
p. 4 M. C. Chamberlain/DRK Photo; p. 5T Stephen J. Krasemann/DRK Photo; p. 5B Doug Perrine/DRK Photo; p. 6 Tony Arruza/Corbis; p. 7T Marty Snyderman/Visuals Unlimited; p. 7B Norbert Wu/DRK Photo; p. 8 Jane Burton/Bruce Coleman Inc.; p. 9 Raymond Coleman/Visuals Unlimited; p. 10 Edward Lines/John G. Shedd Aquarium/Visuals Unlimited; p. 11 Joel Arrington/Visuals Unlimited; p. 12 Phillip Colla/Seapics.com; p. 13 W. Perry Conway/Corbis; p. 14 E. & P. Buer/Bruce Coleman Inc.; p. 15 Tom Brakefield/DRK Photo; p. 16 William Leonard/DRK Photo; p. 17 Gary Meszaros/ Visuals Unlimited; p. 18 Lockheed Martin; p. 19 M. Timothy O'Keefe/Bruce Coleman Inc.; p. 20 George Shelley/Corbis; p. 21 Pete Saloutos/Corbis; p. 22 (row 1, L-R) Corbis, Corbis, S. Maslowski/Visuals Unlimited; (row 2, L-R) Peggy Heard/Frank Lane Picture Agency/Corbis, Kim Saar/Heinemann Library; p. 23 (row 1, L-R) Marty Snyderman/ Visuals Unlimited, Charles O'Rear/Corbis, Pete Saloutos/Corbis; (row 2, L-R) Tom Brakefield/DRK Photo, Edward Lines/John G. Shedd Aquarium/Visuals Unlimited, S. Maslowski/Visuals Unlimited; (row 3) M. Timothy O'Keefe/Bruce Coleman Inc.; p. 24 (row 1, L-R) W. Perry Conway/Corbis, S. Maslowski/Visuals Unlimited, Pete Saloutos/Corbis; (row 2, L-R) Peggy Heard/Frank Lane Picture Agency/Corbis, Kim Saar/Heinemann Library; back cover (L-R) M. C. Chamberlain/DRK Photo, Joel Arrington/Visuals Unlimited

Cover photograph by W. Perry Conway/Corbis

Every effort has been made to contact copyright holders of any material reproduced in this book. Any omissions will be rectified in subsequent printings if notice is given to the publisher.

Special thanks to our advisory panel for their help in the preparation of this book:
Anita Constantino
Literacy Specialist
Irving, TX

Leah Radinsky
Bilingual Teacher
Chicago, IL

Aurora García
Reading Specialist
San Antonio, TX

Ursula Sexton
Researcher, WestEd
San Ramon, CA

Unas palabras están en negrita, **así**.
Las encontrarás en el glosario en fotos de la página 23.

Contenido

¿Qué es nadar?

Nadar es un modo de moverse.

Las criaturas que nadan, se mueven por el agua.

Unas criaturas sólo usan parte del cuerpo para nadar.

Otras usan todo el cuerpo para nadar.

¿Cómo nadan los seres vivos?

Algunos seres vivos usan las patas para nadar.

Este perro mueve las patas delanteras y traseras para nadar.

aleta

aleta

Algunas criaturas usan partes especiales del cuerpo.

Tienen **aletas** o **patas palmeadas** que los ayudan a nadar.

¿Pueden nadar los pájaros?

patas palmeadas

Los pájaros de **patas palmeadas** pueden nadar.

Los patos tienen patas palmeadas y pueden nadar.

La paloma es un pájaro que no puede nadar.

No tiene patas palmeadas.

¿Pueden nadar las criaturas sin patas?

aleta

Los **caballitos de mar** son una clase de pez.

Tienen una **aleta** que se mueve cuando nadan.

Las serpientes no tienen patas.

Algunas serpientes pueden nadar meneando el cuerpo por el agua.

¿Pueden nadar los animales pesados?

Las ballenas son pesadas y pueden nadar.

¡Las ballenas azules son los animales más grandes de la Tierra!

Los osos polares son animales
grandes y pesados que nadan
en agua fría.

Mueven las patas para nadar.

¿Pueden nadar los animales que tienen aletas?

aleta grande

Las morsas tienen cuatro **aletas grandes** en lugar de patas.

Las dos **aletas** de atrás impulsan a la morsa por el agua.

aleta grande

Los pingüinos tienen dos aletas grandes en lugar de alas.

Mueven las aletas para nadar por debajo del agua.

15

¿Pueden nadar los insectos?

Los mosquitos salen de huevos que están en el agua.

Sólo pueden nadar cuando son jóvenes.

Los chinches de agua gigantes
son buenos nadadores.

Atrapan renacuajos, peces e
insectos para comer.

17

¿Pueden nadar las máquinas?

Hay máquinas que se pueden mover dentro del agua, como este **robot**.

Pero las máquinas no pueden nadar.

hélice

Este submarino se mueve dentro del agua.

Tiene **hélices** que lo hacen mover.

¿Pueden nadar las personas?

Las personas pueden nadar.

Mueven los brazos y las piernas en el agua.

aletas de caucho

Hay un equipo especial que nos ayuda a nadar.

Estas **aletas de caucho** le ayudan a la niña a nadar más rápido.

Prueba

¿Cuáles de éstos pueden nadar?

¡Búscalos en el libro!

Glosario en fotos

aleta
páginas 7, 10, 14, 15

robot
página 18

aletas de caucho
página 21

aleta grande
páginas 14, 15

caballitos de mar
página 10

patas palmeadas
páginas 7, 8, 9

hélices
página 19

Nota a padres y maestros

Leer para buscar información es un aspecto importante del desarrollo de la lectoescritura. El aprendizaje empieza con una pregunta. Si usted alienta a los niños a hacerse preguntas sobre el mundo que los rodea, los ayudará a verse como investigadores. Cada capítulo de este libro empieza con una pregunta que ayuda a categorizar los tipos de cosas y criaturas que nadan. Lean la pregunta juntos y miren las fotos. ¿Qué más se puede incluir en cada categoría? Comenten dónde pueden buscar las respuestas. Ayude a los niños a usar el glosario en fotos y el índice para practicar nuevas destrezas de vocabulario y de investigación.

Índice

Respuestas de la página 22

Los osos polares, los patos y las personas pueden nadar.

Las palomas y los carros no pueden nadar.